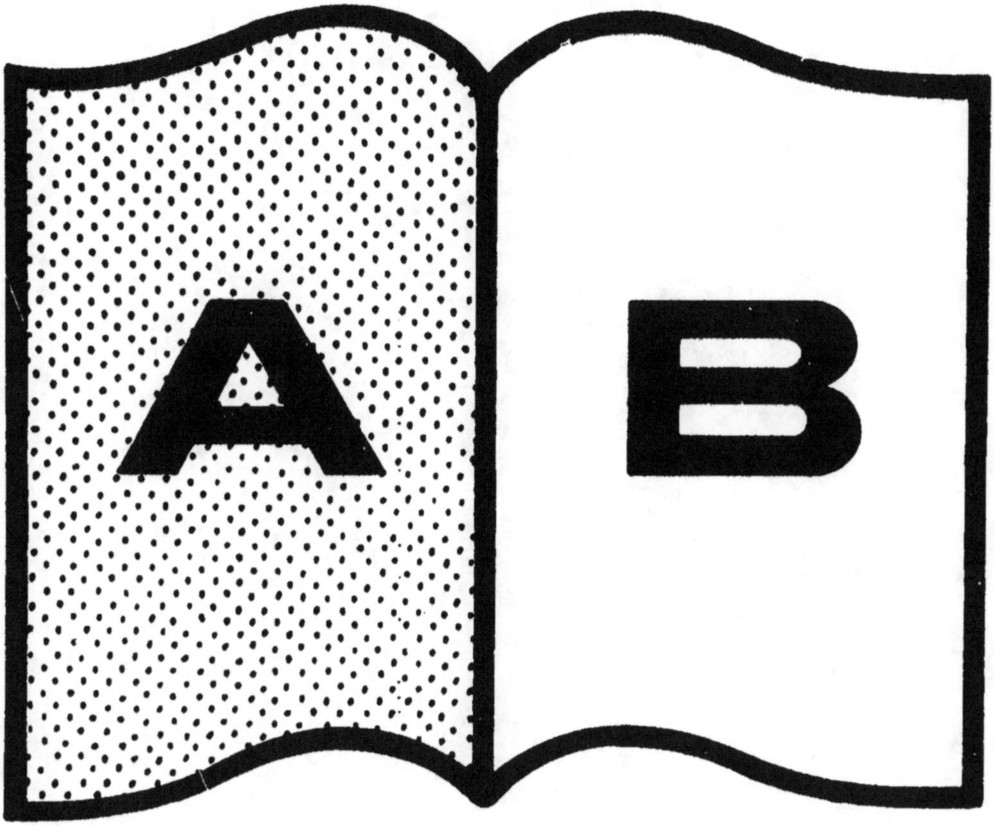

LES ÉPREUVES DU RÉPUBLICAIN,

OU
L'AMOUR DE LA PATRIE,

ESSAI PATRIOTIQUE, EN TROIS ACTES,

MÊLÉS DE CHANTS;

Paroles du citoyen MARIE LAUGIER,
Musique du citoyen CHAMPEIN;

Représenté, pour la première fois au théâtre de l'Opéra-Comique-National, le 17 Thermidor, l'an deuxième de la République une et indivisible.

ÉPIGRAPHE.

Sort cruel! je te défie de m'arracher un vœu qui ne soit pour ma patrie. *Acte III, Scène VI.*

Prix 30 sols.

A PARIS,

Chez MARADAN, Libraire, rue du Cimetière-André-des-Arts. N°. 9.

SECONDE ANNÉE DE LA RÉPUBLIQUE.

A LA CONVENTION NATIONALE.

G R A N D dans ses triomphes, sublime dans ses revers, le Peuple françois déploie tour-à-tour, depuis six ans, le courage qui terrasse les despotes, & la constance qui les désespère. Témoins de si généreux efforts, quel bon françois ne sent son ame électrisée ! quel écrivain calcule ses moyens & ne brûle d'offrir de grands exemples, certain qu'ils seront imités.

Dévouer sa vie à la défense de la liberté, consacrer ses veilles à célébrer les actes héroïques qu'elle produit ; tels sont les devoirs du patriote. Il n'ambitionne pas la sorte de gloire attachée aux productions brillantes ; il présente le tableau naïf & sans art, mais énergique des principes qui assurent le triomphe de la Liberté : il espère trouver de l'indulgence chez ceux de ses concitoyens qui lui servent de modèles lorsqu'il peint les vertus. Cet espoir l'encourage, et le besoin de leur estime lui fait entreprendre ce qu'en toute autre occasion il croiroit impossible.

Oui, c'est cette idée qui m'a mis la plume à la main ; c'est elle qui m'a soutenu dans l'entreprise que j'ai formée de présenter le spectacle du triomphe de la vertu républicaine, livrée à elle-même, sur le crime royal, secondé par les factions qu'il soudoie.

Un Artiste estimé (Champein, auteur de la Mélomanie) entraîné comme moi par le desir de servir la patrie, a ambitionné la gloire civique d'associer à mes foibles essais les ressources si puissantes dans ses mains de la mélodie. Un même sentiment nous a porté à célébrer ensemble les vertus que la République fit éclore. C'est un devoir pour nous de faire hommage aux fondateurs de la République, de ce tableau dont leurs travaux immortels ont fourni le sujet.

Nota. Dans la séance de la deuxième Sans-culottide, la Convention Nationale a ordonné la mention honorable de l'hommage, l'insertion au bulletin de cette Adresse, et le envoi du tout à son comité d'Instruction publique.

| PERSONNAGES. | ACTEURS. |

FRANCIAL, garçon armurier, officier municipal... *Philippe.*
DENISE, épouse de Francial............ citoyenne *Crettu.*
FRANCOEUR, sergent de canonniers......... *Chenard.*
JULIEN, camarade de Francial............ *Ménier.*
LE GÉNÉRAL, commandant la place......... *Granger.*
YORK, général de l'armée assiégeante....... *Fay.*
STANLEY, confident d'York.............. *Aubin.*
DUFAUX, ci-devant noble.⎫ Officiers municipaux ⎧ *Paulin.*
ROUFFIN, riche capitaliste.⎭   ⎩ *Trial.*
TRESVIL, Officier de l'ancien régime......... *Elleviou.*
UN GÉNÉRAL autrichien................ *Cellier.*
UN CAPORAL autrichien................ *Coraly.*
   Chœur de citoyens et de soldats François.
   Chœur de soldats Autrichiens & Anglois.

La scène est dans une ville de guerre de France.

LES ÉPREUVES DU RÉPUBLICAIN,

OU

L'AMOUR DE LA PATRIE.

ACTE PREMIER.

Le théâtre représente une place publique.

SCÈNE PREMIÈRE.

DENISE.

Le soleil a déjà frappé mes yeux & je n'ai pas encore vu mon cher Francial... il a passé la nuit à son poste... Malgré son exactitude à remplir ses fonctions d'officier municipal, il donnoit encore quelques instans à son épouse, à son cher fils ; mais depuis que l'ennemi nous attaque, que d'indignes collègues de mon époux, des officiers municipaux déshonorent le caractère sacré de magistrats du peuple, en secondant les trames des plus vils conspirateurs, il n'est plus de repos pour Francial, ni pour moi ; tout entier à la patrie, toujours fidèle au peuple & à ses représentans, mon cher Francial, empêche par sa vigilance que des traîtres n'offrent dans nos murs le spectacle infâme de fonctionnaires rebèles à la volonté nationale. ce soin important occupe tous ses momens ; Denise n'a plus le bonheur de le voir, de l'entendre. Patrie ! ce n'est pas là le moindre sacrifice que je t'aie fait ! mais en est-il que tu n'aye

A

droit d'attendre d'une ame brûlante de l'amour de la liberté ?

AIR.

Aimer, adorer la patrie,
Tout nous en fait la douce loi ;
Pour la servir donner ma vie,
Ce seroit un bonheur pour moi.
   Des tyrans l'horrible furie,
   Lui prépare des maux affreux !
Ah ! quand son sort est malheureux !
   Il faut adorer la patrie,
Tout nous en fait la douce loi.

Mais le beau jour de la victoire
Eclaire partout nos soldats ;
Les rois tremblant dans leurs états,
Du François attestent la gloire.
   Je n'aimerois pas ma patrie !
   De l'adorer tout fait la loi !

Des nobles la caste orgueilleuse,
Jadis vouloit tout envahir ;
Le peuple, qui sait mieux choisir,
Préfère une ame vertueuse.
   Il faut adorer la patrie,
   Où l'égalité fait la loi.

Isolés sous la monarchie,
L'homme à l'homme étoit étranger ;
La liberté sut nous changer
En une famille chérie.
Aimer, adorer la patrie,
Fraternité, voilà ta loi.

Dufaux & Rouffin de si bonne heure sur cette place ! ils ont sans doute quelque traître à servir, quelque mauvaise nouvelle à répandre ; fuyons ces oiseaux de sinistre augure. (*Elle sort* en évitant brusquement *Dufaux* et *Rouffin*, qui restent un moment ébahis.

SCÈNE II.

DUFAUX, ROUFFIN.

DUFAUX.

La digne épouse de l'austère Francial nous évite.

ROUFFIN.

Elle fait aussi bien ; elle nous épargne quelque sortie dans le genre de celles de son mari. Nous pourrons enfin nous entretenir un moment sur notre situation... Que devons-nous craindre ? que pouvons-nous espérer ?

DUFAUX.

Nous avons tout à redouter de l'exagération de Francial & de la férocité du commandant.

ROUFFIN.

Eh bien, ceux qui ont poussé l'extravagance jusqu'à nommer Francial, un garçon armurier, officier municipal, appellent cela des principes & une austérité républicaine.

DUFAUX.

Ces principes les meneront loin..... la ville est en état de siége, la police est entre les mains de cet âpre commandant ; il menace de livrer à exécution militaire le premier qui parleroit de se rendre. Francial cite à tout propos l'exemple des habitans de Lille... si nous laissons germer ces idées désastreuses... si nous ne nous délivrons de celui qui les propage sans cesse, tout est perdu pour nous.

ROUFFIN.

Tout est perdu pour nous !

DUFAUX.

Le peuple dans sa résistance opiniâtre ne voudra éprouver aucun obstacle & les conseils de la sagesse étant pris par lui pour de la lâche... il nous sacrifiera à son injuste colère.

ROUFFIN.

Vous me faites frémir.

DUFAUX.

Gardez-vous bien de montrer de la pusillanimité, vous ne pouvez pendant quelque temps éviter les plus grands dangers qu'en feignant la résolution *de vivre libre ou mourir*.

ROUFFIN.

Et si l'on me prenoit au mot ?

DUFAUX.

Ne craignez rien ; ne songez qu'à réunir vos efforts aux miens pour discréditer Francial ; c'est notre plus grand ennemi. Déjà j'ai fait semer des soupçons sur sa probité. L'on se demande de quoi peut vivre un homme qui depuis trois mois a abandonné ses travaux journaliers.

ROUFFIN.

Bon ! bon ! ces-gens là vous croient ; vous avez l'air si patriote avec eux.

DUFAUX.

L'opinion vulgaire est partagée sur notre illustre collègue... des discussions on en viendra aux prises.... Francial périra de la main des enragés dont il a exalté l'imagination, & dans le désordre qui en naîtra, nous trouverons le moyen de faire accepter cette capitulation qui doit nous préserver des dangers qui nous menacent, & voilà ce que nous pouvons espérer.

ou *l'Amour de la Patrie*.

ROUFFIN.

Vous me rendez l'espérance.

DUFAUX.

Ce Francial seroit capable de leur conseiller de laisser brûler leurs maisons & de périr de misère & de faim, plutôt que de se rendre.

ROUFFIN.

Je vous l'avoue, mon cher Dufaux, cette idée me fait trembler... Il me semble déjà voir mes chères propriétés en proie aux flammes, & Francial au milieu du peuple, lui peindre la honte de ce qu'il appelle l'esclavage.

DUFAUX.

Exagérer la gloire d'une belle défense.

ROUFFIN.

Et me forçant, moi, d'être républicain outré, exiger que je le suive dans une sortie où il me fera courir mille fois le danger de perdre la vie.

DUFAUX.

Ce sont là les gentillesses de ce frénétique.

ROUFFIN.

S'il a tant d'envie de mourir... qu'il en cherche l'occasion... je ne m'y oppose pas. Il n'a rien à perdre lui.... d'ailleurs il peut prendre son plaisir où il le trouve... quant à moi je n'en vois qu'à conserver ma vie & ma fortune; & j'aime mieux qu'on me traite d'homme foible, que de perdre en un instant le fruit de mes innocentes spéculations.

DUFAUX.

Vous préférez de vivre poltron, que de mourir brave, comme tous nos enragés, que nous allons voir bientôt réduits à la raison.

ROUFFIN.

Je leur cède la gloire & le plaisir de faire des sacrifices.

Les Epreuves du Républicain,
DUO.

ROUFFIN.

Chacun à sa manière,
Contente ses desirs.

DUFAUX.

Chacun a sa chimère,
Son goût et ses plaisirs,
Un héros sans culotte
Affronte le trépas.

ROUFFIN.

Je serois patriote,
Si je ne tremblois pas.

DUFAUX.

Sa demarche est altière,

ROUFFIN.

Je chancele a tous pas ;

DUFAUX.

Il a l'ame guerrière ;

ROUFFIN.

O ! moi je ne l'ai pas.

DUFAUX.

Il adore la gloire ;

ROUFFIN.

L'or seul a des appas ;

DUFAUX.

Il chante la victoire ;

ROUFFIN.

Je compte mes ducats.

ENSEMBLE.

Chacun à sa manière,
Contente ses desirs ;
Chacun a sa chimère,
Son goût et ses plaisirs.

ou *l'Amour de la Patrie.*

DUFAUX.
L'ennemi nous menace,
ROUFFIN.
Ils bravent son courroux;
DUFAUX.
Et leur fatale audace,
ROUFFIN.
Nous expose à ses coups;
DUFAUX.
Ne craignez rien, confrère,
ROUFFIN.
Qui peut me rassurer?
DUFAUX *d'un ton de protecteur.*
A d'York j'ai su plaire :
ROUFFIN *très-humblement.*
Daignez me protéger.
DUFAUX.
Enragés patriotes !
Les houlans vous rendront
ROUFFIN.
O ! très-fort sans culottes,
Et quand ils pilleront,
ENSEMBLE.
Avec nous ils diront :
Chacun à sa manière
Contente ses desirs ;
Chacun a sa chimère
Son goût et ses plaisirs.
ROUFFIN.
Chût, chût, voici francial.

SCÈNE III.

DUFAUX, ROUFFIN, FRANCIAL.

FRANCIAL.

Quels soins pressans ont pu vous retenir ici, tandis qu'il s'est passé sur la place une scène délicieuse ? Que les factions sont petites quand le peuple se montre dans toute sa fierté !

DUFAUX

Quel événement heureux cause ta joie.... le siége est-il levé ?

ROUFFIN.

Est-il arrivé du renfort ?

FRANCIAL.

Du renfort !... oui... le soldat républicain, en a trouvé...

ROUFFIN.

Où ?

FRANCIAL.

Dans son cœur....

ROUFFIN.

(haut) C'est très-beau... (à part.) ce diable d'homme ne doute de rien.

DUFAUX *d'un ton hyppocrite.*

Enfin que s'est-il passé tandis que nous faisions ici des vœux pour les sans-culottes ?

FRANCIAL.

Des vœux en présence de l'ennemi !.... Tout retentit des accens de la liberté & vous paroissez étrangers au milieu du peuple qui vous nomma ses magistrats : est-ce ainsi que vous partagez ses vertus après avoir surpris ses faveurs ?

DUFAUX *à part.*

Ton audace est au comble ; bientôt tu en recevras le prix.

FRANCIAL.

Les tyrans odieux qui ont ravagé nos campagnes, qui menacent notre cité de son entière destruction, souillés de crimes dont l'histoire n'offroit pas encore d'exemple ; de vils satrapes ont cru que nous pourrions oublier que nous sommes François ; ils ont osé nous proposer un pacte avec le despotisme. Un des satellites d'York est venu nous offrir la bienveillance de ce monstre... d'un Anglais... Témoin de nos mépris, l'esclave a eu l'insolence de nous sommer de nous rendre en nous menaçant de la colère de son maître... Bientôt, disoit ce misérable, l'incendie va consumer votre cité & le fer va terminer vos jours.

ROUFFIN.

Cela fait frémir... & qu'a-t-on répondu ?

FRANCIAL.

La mort plutôt que la honte ! la mort plutôt que l'esclavage... tel a été le cri unanime des citoyens & des soldats. Ecrasé de ce spectacle nouveau pour son ame mercénaire, l'envoyé des tyrans a fui accompagné des cris.

MORCEAU d'ensemble.

FRANCIAL.

Mourir pour la patrie !
Ah ! quel glorieux sort !
La plus heureuse vie
Ne vaut pas cette mort.

DUFAUX à part avec inquiétude.

L'heure de la vengeance
Tarde trop à mon gré ;
Quand donc de cette engeance,
Serai-je délivré ?

FRANCIAL.

Ce spectacle sublime !
Electrisoit son cœur ;

Les Epreuves du Républicain,
Ah ! peuple magnanime !
Conserve cette ardeur.

FRANCIAL.	haut DUFAUX.	ROUFFIN.
Mourir pour la patrie !	Mourir pour la patrie !	Mourir pour la patrie !
Ah ! quel glorieux sort ;	*à part.*	C'est un glorieux sort ;
La plus heureuse vie	Oui tel sera ton sort ;	*à part.*
Ne vaut pas cette mort.	Tu trouble notre vie,	Moi j'aime trop la vie
	Tu recevras la mort.	Pour desirer la mort.

RÉCITATIF.

DUFAUX *à part*.

J'attends le mouvement que j'ai fait préparer ;
Il doit de Francial enfin nous délivrer....
Mais pourquoi tarde-t-il... Ah ! quel cruel silence :
Ecoutons.... les voici... bon.... le trouble commence.

FRANCIAL.

Nos frères, nos amis s'avancent vers ces lieux.

DUFAUX *à part*.

Mon succès est certain... Ils ont l'air furieux ;
Je jouis en voyant leurs pénibles allarmes.

FRANCIAL.

Leur présence à toujours pour moi de nouveaux charmes.

DUFAUX.

Elle me plait aussi... sur-tout en ce moment,
Qu'ils servent mes projets et mon ressentiment.

Pendant ce récitatif on entend un mouvement tumultueux.

SCÈNE IV.

FRANCIAL, DUFAUX, ROUFFIN, JULIEN, un groupe de Citoyens formant le chœur.

LE GROUPPE *accourant avec fureur.*

Magistrat infidèle,
Ouvrage de nos mains,
Cesse par un faux zèle
D'égarer nos destins.

Des tes fausses vertus,
Nous savons l'imposture ;
Tes travaux suspendus
En sont la preuve sûre.

Magistrat infidèle,
Ouvrage de nos mains,
Cesse par un faux zèle
D'égarer nos destins.

Francial a peine à croire que ces reproches s'adressent à lui.

DUFAUX *avec audace.*

Francial infidèle,
Le plus vil des humains,
Pour prix de son faux zèle,
Doit périr par nos mains.

FRANCIAL, *avec fierté.*

Tu peux tromper leur zèle,
Dans tes affreux desseins

Chez ce peuple fidèle
Il n'est point d'assassins.

Pendant ce couplet on entend le canon, et plusieurs bombes, tombent sur le théâtre.

JULIEN *avec attendrissement.*

Nous aimions ton audace,
Ton intrépidité ;
Sans vertus, quoiqu'on fasse,
Sert-t-on la liberté ?

DUFAUX.

Francial infidèle,
Le plus vil des humains,
Pour prix de son faux zèle
Doit périr par vos mains.

SCÈNE V.

Les Acteurs précédens, DENISE.

DENISE, *accourant éperdue auprès de Francial.*

Mon époux, le modèle,
Des vrais républicains,
Pour prix d'un si beau zèle,
Va périr par vos mains !

Le bombardement continue ; on voit les effets progressifs de la destruction.

FRANCIAL.

Songeons à la patrie,
Ils me connoîtront mieux ;
Que m'importe ma vie,
Pourvu qu'ils soient heureux.

Un grouppe de femmes accourant avec tous les signes de la désolation.

ou l'Amour de la Patrie.

De l'ennemi la rage
Brûle tout tout en ces lieux,

(à Francial qui est offert à la colère du peuple par DUFAUX.)

Nos maux sont ton ouvrage
Insensé, furieux!

Un autre grouppe de femmes accourant avec l'air plus désolé encore.

Nos toits sont consumés!
Nos maisons embrasées!
Nos enfans écrasés!
Sous des poutres brisées!

Tous ensemble (exceptés Francial & Julien.)

Grands Dieux fut-il jamais un destin plus affreux!

DUFAUX *d'un air hyppocrite.*

Ah! que je plains, amis, votre sort malheureux!

ROUFFIN.

Perdre en un seul instant
Le fruit de tant de peines;
Je tremble.... tout mon sang
Est glacé dans mes veines.

DUFAUX.

A quelques femmes et à ses partisans qui l'entourent.

Citoyens,

Appellons la clémence
De nos fiers ennemis,
Que peut la résistance
A leurs coups réunis.

FRANCIAL, *qui a entendu la fin du couplet de Dufaux.*

Que je perde la vie
Plutôt qu'un joug honteux,
Soumette ma patrie
A des rois orgueilleux.

LE CHOEUR général.

De l'ennemi la rage
Brûle tout en ces lieux,

Les Epreuves du Républicain ;
(à Francial).

Nos maux sont ton ouvrage,
Insensé, furieux !

DENISE.

Dans ce danger extrême,
Dieu veille sur ses jours !
Au tendre époux que j'aime
Accorde ton secours !

LE CHOEUR.

Nos toits sont consumés !
Nos maisons embrasées !
Nos enfans écrasés !
Sous des poutres brisées !

Grands Dieux ! fut-il jamais un destin plus affreux !

ENSEMBLE.

Tous se précipitent sur Francial, excepté Julien.	DENISE.	FRANCIAL à Dufaux
Francial infidèle,	Mon époux le modèle	Tu peux tromper leur zèle,
Le plus vil des humains,	Des vrais Républicains,	Dans tes affreux desseins,
Pour prix de son faux zèle,	Pour prix d'un si beau zèle,	Chez ce peuple fidèle
Va périr par nos mains.	Va périr par vos mains !	Il n'est point d'assassins.

(Un des hommes du premier grouppe se précipite sur Francial, levant sur lui une hache dont il est armé. Denise fait un rampart de son corps à son époux Julien arrête le bras du citoyen.)

JULIEN.

Le punir par la loi, après l'avoir entendu, mais non l'assassiner.

DENISE, *couvrant Françial de son corps.*

Cruels ! vous m'immolerez avant d'arriver jusqu'à mon époux.

SCENE VI.

Les Acteurs précédens, LE GÉNÉRAL, commandant la place, des Soldats de la garnison.
(*Le bombardement continue, mais avec moins de fracas.*)

LE GÉNÉRAL.

Arrêtez ! malheureux ! quelle aveugle furie dirige une main homicide, contre le plus vertueux citoyen ! quel génie malfaisant vous divise, lorsque votre rage devroit se porter toute entière sur les vils oppresseurs du monde ? Je reconnois au trouble qui vous agite, l'ouvrage du perfide Anglois ; il désespère de nous vaincre, il veut nous assassiner. Mais vous, citoyens ! peuple libre ! montrez-vous dignes de vous-même ; c'est au creuset du malheur que s'épure la vertu républicaine ; elle brille sur les décombres qui attestent une noble résistance.... encore un moment & la liberté sortira triomphante de vos murs embrasés, elle gravera vos noms dans le cœur de tous les François & portera l'épouvante dans l'ame lâche & féroce des tyrans. Vous connoissez la loi.... la loi... ce suprême arbitre des hommes libres : elle frappe de mort le lâche ou le traître, qui oseroit proposer à des républicains de transiger avec le crime... S'il en est parmi nous, qui aient souillé ces lieux par un mot qui ne sortira jamais de ma bouche... qu'ils tremblent... ils apprendront par le plus juste supplice, qu'un général françois doit plutôt mourir que de manquer au devoir que le peuple lui a imposé.

ROUFFIN *à Dufaux.... bas.*

Exécution militaire... que vais-je devenir ?

DUFAUX, *bas à Rouffin.*

Dissimulez, ou je vous dénonce.

ROUFFIN, *à part.*

Ah dieu ! me voilà fusillé.

JULIEN.

Général ! nous demandons la punition d'un traître ; qu'il périsse & nous ne songerons plus qu'à nous défendre contre les brigands couronnés qui nous assiégent.

LE GÉNÉRAL.

Eh ! qui donc accusez-vous ?

JULIEN.

Francial.

LE GÉNÉRAL.

Francial ?

DENISE.

Mon époux ?

FRANCIAL.

Je respire..... je vais donc connoître cette manœuvre exécrable.

LE GÉNÉRAL.

Quel est son crime ?

JULIEN.

Le voici... Pauvre, mais respectable à nos yeux, il vivoit de son travail journalier. Pour honorer la vertu indigente, nous l'avons élu officier municipal ; depuis ce moment il a renoncé à tout travail. Sans cesse à la maison commune il y passe les jours et souvent les nuits. Depuis trois mois, il n'a reçu aucun salaire, nul traitement n'est affecté à ses fonctions.

DENISE

ou l'Amour de la Patrie.

DENISE *l'interrompant.*

Quand vous saurez...

FRANCIAL *à Denise.*

Ecoutons... (*à Julien*) continue.

JULIEN.

Il nous a dit cent fois, qu'il s'enorgueillissoit de sa pauvreté ; que son plaisir de tous les jours étoit d'apporter chaque soir à sa femme le modique gain qui faisoit vivre sa famille. Nous l'admirions et chacun de nous, de nous sans-culottes, se faisoit honneur de ces principes, s'applaudissoit de jouir comme lui de ce bonheur, garant de notre indépendance. Depuis trois mois il alimente sa famille... il n'a invoqué le secours fraternel d'aucun de ses camarades. Il nous a même privé du plaisir de partager avec lui le fruit de nos travaux. Où a-t-il puisé ses moyens d'existence ? Trop de traîtres, de fripons ont abusé de notre confiance, à la faveur d'un masque de patriotisme... nous ne voulons plus croire aux hommes sur les dehors, sur les discours... il n'y a pas de patriotisme là ou il existe des doutes fondés sur la probité.

FRANCIAL.

Vertueux camarade..... le peuple entier a parlé par ta bouche.

DENISE.

Vous l'avez voulu, eh bien, vous allez connoître l'homme qu'on outrageoit.

DUFAUX.

(*à part*) Maudite explication... (*haut à ses voisins*) écoutons ce roman.

DENISE.

Un mot suffira. Mon époux a vendu successivement nos effets, même les plus nécessaires ; enfin Francial.... votre

B

magistrat, n'a plus en ce moment un grabat pour reposer sa tête.

Gestes d'admiration de Julien et des différens groupes.

LE GÉNÉRAL.

Affreux tyran de Londres... voilà les victimes que tu désignes à tes assassins! ainsi tes perfides agens savent tourner contre le peuple jusqu'à ses vertus!

ROUFFIN.

Je le disois bien moi, que Francial étoit un honnête homme.

DUVAUX *bas à Rouffin.*

Si vous dites encore un mot, je vous entraîne dans ma perte.

ROUFFIN, *à part.*

Cruelle alternative.

JULIEN.

Si tu ne nous avois interdit l'entrée de ta maison depuis que tu es officier municipal, tu nous aurois épargné le chagrin bien cuisant de t'avoir soupçonné et le remords qui va nous poursuivre au souvenir des dangers que tu as couru.

FRANCIAL.

Le magistrat du peuple, n'a d'autres affaires que celles du peuple, d'autre asyle que le temple des loix. C'est là qu'il reçoit tous ces concitoyens; c'est là qu'il leur doit à chaque instant le compte de sa conduite. C'est là que vous auriez provoqué l'éclaircissement que votre austérité devoit desirer, si vous aviez suivi votre propre impulsion.

JULIEN.

Oui, tu nous éclaires sur la plus infâme des manœuvres.

FRANCIAL.

Le nuage est dissipé, les traîtres sont à découvert, ils expieront leurs forfaits.

ou l'Amour de la Patrie.

JULIEN.

Citoyens, vengeons notre ami, notre frère !

FRANCIAL.

Amis ! vengeons la patrie.

CHANT.

LE GÉNÉRAL.

Vengeons, vengeons la patrie outragée,
Dans ses plus chers enfans,
Que par nous des tyrans
La terre soulagée,
Respire en paix, d'un fléau dégagée.

LE CHOEUR *répète.*

Vengeons, vengeons, etc.

LE CHOEUR, *continue.*

Hélas ! notre erreur en ce jour
Fut l'effet de leur influence ;
Pour eux gardons notre vengeance,
Et pour la vertu notre amour.

FRANCIAL.

Tyrans ! votre rage impuissante
Devant nous viendra se briser ;
Du peuple, la foudre éclatante,
De nos efforts doit triompher.

LE CHOEUR.

Vengeons, vengeons la patrie outragée
Dans ses plus chers enfant ;
Que par nous des tyrans
La terre soulagée,
Respire en paix d'un fléau dégagée.

Fin du premier acte.

ACTE SECOND.

Le théâtre représente une partie des remparts et une des portes de la ville. Le mur partage à peu-près la scène en deux; d'un côté est l'intérieur de la ville, de l'autre sont ses dehors. Sur la partie du rempart qui est au fond du théâtre, sont plusieurs canons, disposés de manière, à ce qu'on puisse les avancer et les reculer. On monte sur le rempart par les coulisses; au fond est une montagne; à l'avant scène du côté de la ville est un corps de garde.

SCÈNE PREMIÈRE.

FRANCOEUR, *plusieurs canonniers de garde avec lui.*

L'heure de la garde montante approche; nous allons bientôt être relevés de ce poste. Nous apprendrons enfin la cause ou le prétexte du désordre qui vient d'avoir lieu dans la ville. L'aristocratie y lève une tête insolente; elle abuse de ce que la garnison est continuellement occupée à défendre la place, contre les attaques des tyrans.... quant on la laisse respirer un moment, elle en profite pour conspirer... c'est son habitude... elle ne peut durer; l'aristocratie sert des tyrans affectés d'une cruelle maladie.

CHANT Ier.

Quelle est donc cette maladie,
Que les rois ont depuis cinq ans?

ou *l'Amour de la Patrie.*

La médecine est ébahie,
Sans pouvoir calmer leurs tourmens.   *(bis)*
L'Empereur dit : à ma poitrine :
Est le siège de la douleur ;
Plus clairvoyant moi je devine
Qu'il pécha toujours par le cœur.   *(bis)*

II.

Guillaume apprenant l'avanture
Qui mit son armée aux abois,
S'est fait une grave blessure
En se mordant trop fort les doigts ;   *(bis)*
Il porte une plainte inutile
A son illuminé docteur ;
La guérison n'est pas facile,
Lorsque le vice part du cœur.   *(bis)*

III.

Pour la santé de Catherine
La Pologne étoit un besoin,
On l'en chasse, elle se chagrine
D'avoir perdu son embonpoint.   *(bis)*
Quel changement en moi, dit-elle ;
Quelle seroit donc ton horreur,
Si, devant un miroir fidèle,
Tu pouvois aussi voir ton cœur.   *(bis)*

IV.

Le roi de la Grande-Bretagne
Doit quitter le gouvernement ;
Car sa tête bat la campagne,
Disoit un lord au parlement ;   *(bis)*
Quelle motion indiscrète
Répond Pitt, le faux monnoyeur,

Ne peut-on pas régner sans tête,
Avec un ministre sans cœur. (bis)
Ah ! ah ! j'oubliois un roi.

V.

Nouveau tyran eut la folie
De jouer le rôle de roi,
Pour le salut de la patrie,
Le sénat le met hors la loi ; (bis)
Aussi-tôt le peuple s'apprête
A punir un vil imposteur,
Comme un roi, le voilà sans tête,
C'est que comme eux il fut sans cœur. (bis)

SCÈNE II.

Les acteurs précédens, FRANCIAL, DENISE.

FRANCOEUR, *appercevant Francial.*

FRANCIAL vient visiter ses frères ?

FRANCIAL.

Bonjour, mes camarades, quand mon cœur est oppressé par la recherche des manœuvres des conspirateurs, je viens respirer avec les braves canonniers.

FRANCOEUR.

Instruis-nous donc des évenemens qui se sont passés dans la ville pendant notre garde.

FRANCIAL.

Montons sur les remparts ; je vous raconterai cela tandis que nous observerons les mouvemens de l'ennemi.

DENISE.

Depuis deux jours tu n'a pas donné un instant à ta Denise ?

FRANCIAL *Embrassant Denise.*

N'est-ce pas songer à elle, que de veiller pour ma patrie.

ou *l'Amour de la Patrie.*

DENISE.

Oui, cher Francial, il n'y aura point de bonheur pour Denise, sans la liberté.

Francial et Francœur, montent sur les remparts, on voit qu'ils regardent avec attention vers le camp ennemi; Francial parle avec feu à Francœur. Les cannoniers rentrent au corps de garde.

DENISE *resté seule sur l'avant scène.*

Le bon citoyen, est bon époux, est bon père, c'est qu'il aime à voir dans tout ce qui l'entoure, une portion du bonheur de la patrie, c'est qu'il a pour guide la nature.

AIR.

Oui la bienfaisante nature
Forma le cœur de mon époux;
Des vertus, cette source pure,
L'orna de ses dons les plus doux.

Par elle ma tendresse extrême,
De Francial fait le bonheur;
Je t'aime! lui répond mon cœur,
Lorsque son cœur me dit je t'aime.

Oui, la bienfaisante nature
Forma le cœur de mon époux;
Des vertus, cette source pure,
L'orna de ses dons les plus doux.

O! nature, ta sage prévoyance
De l'indigent sèche les pleurs;
Pour lui, tu créas les douceurs
Des plaisir purs de l'innocence.

On entend le tambour qui bat une marche dans le lointain.

FRANCIAL, à *Francœur*.

On vient vous relever : puisse ce poste important être toujours confié à la garde de braves soldats comme vous.

FRANCŒUR.

J'en connois toute l'importance, je le surveillerai l'officier qui vient le commander n'a pas ma confiance, quelqu'envie qu'il ait de paroitre patriote.

Francial et Francœur descendent des remparts, les canonniers se mettent en bataille devant le corps-de-garde ; la garde montante, annoncée par une marche militaire et commandée par Tresvil, arrive ; on relève les postes et la musique continue tout le temps que dure cette manœuvre militaire, pendant laquelle Francial et Denise se sont retirés.

SCÈNE III.

TRESVIL, *seule à l'avant scène*.

Enfin me voilà de garde à cette porte : si j'avois été plutôt à ce poste que j'ai tant désiré, j'aurois pu, durant le trouble, qui vient d'avoir lieu, rendre de grands services à nos amis de l'autre côté, mais ils n'ont pas perdu pour attendre. Parbleu il faut avouer que les républicains sont de bien bonnes gens ! ils confient à moi chevalier, à moi l'enfant gâté de toutes les femmes du bel air qu'ils persécutent : ils me confient le soin de défendre l'égalité.... Il est vrai que j'affecte devant eux d'être émerveillé de leurs principes.... j'enchéris sur toutes leurs extravagances ; j'ai l'air d'être cent fois plus carmagnole qu'eux... bonne folie ! ils me croient, parce que j'ai fait mon serment à la république... mais cela ne m'engage à rien... je n'ai pas dit ma parole d'honneur.

Il est bien temps que nos gens viennent me délivrer de la monotonie à laquelle je me suis condamné pour les servir. Un homme comme il faut a trop à souffrir avec des soldats qui l'appellent mon camarade, avec des généraux qui le forcent à payer ses dettes, et avec des représentans qui ont banni des camps les jeux où il pouvoit déployer sa dextérité.

AIR.

Le merveilleux est à la mode,
Adieu plaisirs, folâtre humeur;
Tant de vertu m'incommode,
Ma parole d'honneur. } bis
Caton fut moins austère
Que le soldat français,
Il ne sait à la guerre
Que battre les anglais.
    Le merveilleux, etc.

Bourgeoise joliette,
Se trouve en mon chemin,
N'est-il pas très-honnête
De lui baiser la main?
Respecte l'innocence,
Dit bientôt gravement,
Un rival d'importance,
C'est monsieur mon sergent,
    Le merveilleux, etc.

Ce qu'un beau monde estime;
Un air, un certain ton,
C'est de l'ancien régime
Les vices, me dit-on;
De Sparte la morale
Est à l'ordre du jour,
Il faut qu'on en étale
Pour plaire à son tambour.
    Le merveilleux, etc.

(Appercevant Francœur.)

Que je m'apprête encore à recevoir quelqu'âpre leçon; voici le Marat de la garnison.

SCÈNE IV.
TRESVIL, FRANCOEUR.

TRESVIL.

(*à part*) (*haut*)

Prévenons l'abordage..... bonjour Francœur ou plutôt Marat, car tes camarades t'ont donné ce beau nom.

FRANCOEUR.

Je le mériterai, en idolâtrant, comme l'ami du peuple, ma patrie, et en surveillant les fourbes, les dominateurs et les faux patriotes.

TRESVIL.

(*à part*) Attrapé... (*haut*) j'ai formé une résolution; je veux aussi prendre un patron merveilleux, et j'ai choisi le plus sage des philosophes de la Grèce... je m'appelle désormais Socrate Tresvil.

FRANCOEUR.

Socrate et Tresvil... ces deux héros, mon camarade, sont peut-être étonnés de se rencontrer ensemble.

TRESVIL.

Epigrame à part... la partie éminente de mon caractère n'est-elle pas la sagesse?

FRANCOEUR.

A propos de sagesse, il paroît que la leçon que nous en avons donné à ces marauds d'Anglais à la dernière attaque, les a dégoûtés pour quelque temps de recommencer.

TRESVIL.

Ils ne sont pas si diables qu'ils sont noirs.

FRANCOEUR.

Dis plutôt qu'ils ne sont pas aussi braves que scélérats ! sans doute qu'ils méditent quelque nouvelle trahison, qui leur livre cette place sans danger. Leurs généraux très-prudens, aiment mieux cette guerre d'intrigue, que celle où le cœur entre pour quelque chose.

TRESVIL, *avec affectation.*

Ils auroient tort d'y compter... nous sommes tous républicains.

FRANCOEUR.

Si nous l'étions tous, s'il ne se trouvoit pas parmi nous des perfides qui n'en ont que le masque, les ennemis se seroient bien gardé d'assiéger cette ville et de souiller la terre de la liberté.

TRESVIL, *embarrassé par la dure franchise de Francœur.*

Ils sont en effet bien insolens de...

FRANCOEUR.

Insolens! ils sont lâches et féroces. Ah! si je connoissois les coquins qui tantôt vouloient porter le peuple à assassiner ses meilleurs amis, et qui, à la faveur du désordre du bombardement, se révoltoient contre l'autorité légitime... je jure sur mes canons que je les immolerois à la liberté.

TRESVIL. (*à part*)

Il le feroit comme il le dit.

DUO.

FRANCOEUR.

Je suis humain, je suis sensible,
La haine fatigue mon cœur;
Vois-je un traître, je suis terrible!
A son aspect j'entre en fureur.

TRESVIL.
Il est humain, il est sensible,
La haine fatigue son cœur;
(à part.)
Mais en honneur il est terrible
Je tremble en voyant sa fureur.

FRANCOEUR.
Puissai-je au gré de mon envie!
Exterminer tous les tyrans!
En holocauste, à ma patrie,
Offrir leurs cadavres sanglans.

TRESVIL, avec ironnie.
Il est humain, il est sensible,
La haine fatigue son cœur
(à part.)
Mais en honneur il est terrible
Je tremble en voyant sa fureur.

FRANCOEUR.
Ames faites pour l'esclavage!
Vous connoitrez nos fiers guerriers!
Vous éprouverez le courage
Des intrépides canonniers!

TRESVIL, à part.
Parbleu quel rude personnage!
Que faire avec de tels guerriers?
Ma foi, nos gens perdroient courage
S'ils connoissoient nos cannoniers.

ENSEMBLE.

Je suis humain, je suis sensible,	Il est humain, il est sensible,
La haine fatigue mon cœur;	La haine fatigue son cœur,
	(à part.)
Vois-je un traître, je suis terrible,	Mais en honneur il est terrible,
A son aspect, j'entre en fureur.	Je tremble en voyant sa fureur.

ou *l'Amour de la Patrie.*

SCÈNE V.
TRESVIL, FRANCOEUR, LE GÉNÉRAL, FRANCIAL, ROUFFIN, *plusieurs soldats.*

LE GÉNÉRAL.

Amis.... j'attends de vous un effort surnaturel.

TRESVIL, *à part.*

Il est pour le merveilleux le général.

FRANCOEUR.

Il n'est rien d'impossible à des françois bien commandés ; compte sur notre intrépidité.

LE GÉNÉRAL.

C'est elle que j'appréhende.

ROUFFIN *à part.*

A la bonne heure.

LE GÉNÉRAL.

S'il ne falloit que du courage, je vous dirois..... voilà l'ennemi et cela suffiroit... mais ce que je vous demande est bien plus difficile... il faut souffrir patiemment le feu des esclaves pour leur porter des coups plus assurés.

FRANCOEUR.

Nous détestons la servitude, mais nous aimons la subordination. La loi nous commande l'obéissance, et la confiance l'obtient... ordonne.

LE GÉNÉRAL.

Un avis sûr m'a prévenu que les assiégeans comptant sur les désordres qu'ils ont suscité dans la ville et sur leurs criminelles intelligences, doivent tenter une attaque décisive.

FRANCOEUR.

Nous les recevrons en enfans de bonne maison.

LE GÉNÉRAL.

Rappelle-toi ta promesse... ils emploient la perfidie... opposons leur la prudence.

ROUFFIN.

La prudence... entendez-vous?

FRANCIAL.

Oui. La prudence qui accompagne le courage.

LE GÉNÉRAL.

Quel bonheur de punir l'audace des despotes et d'épargner le sang précieux des soldats de la liberté !

FRANCOEUR.

Ce sang ne leur appartient pas, il est tout entier à la patrie.

FRANCIAL, *embrassant Francœur.*

Brave canonnier.

LE GÉNÉRAL.

Ripostez foiblement aux premières décharges de l'ennemi et au signal que j'en donnerai, paroissez tous sur les remparts et faites feu de toutes les pièces en même temps.

LES CANONNIERS.

Vive la république.

TRESVIL, (*à part*) *après avoir affecté de crier plus haut que les autres vive la république.*

C'en est fait des honnêtes gens... si je pouvois les prévenir...

LE GÉNÉRAL, (*montant sur les remparts.*)

A vos postes.

Tresvil va au corps de garde avec humeur.

FRANCIAL, *montrant les remparts en mettant son écharpe.*

Mon poste est là.... le magistrat du peuple doit marcher sur les traces de ses représentans, leur poste en pareil cas est toujours aux lieux les plus menacés.

FRANCOEUR, *à Rouffin.*

Tu n'abandonneras pas ton collègue.

ROUFFIN.

J'ai la tête si foible,

ou l'Amour de la Patrie.

FRANCOEUR.

Pour la rendre plus forte, approche-toi du cœur d'un soldat.

(On entend le canon.)

ROUFFIN, *tremblant.*

Le bruit du canon...

FRANCOEUR.

Il nous égaye, il accompagne nos chansons.

ROUFFIN.

Des chansons sur la brèche?

FRANCOEUR.

Cela t'étonne?.. est-ce que tu serois un modéré?

ROUFFIN, (*à part.*)

Miséricorde! un modéré! je suis perdu s'ils le croient... J'irois plutôt par peur aux enfers avec eux.

(*Il accompagne en tremblant Francœur, et néanmoins reste au bas des remparts.*)

FRANCOEUR.

Comme te voilà brave!

ROUFFIN, (*à part.*)

Moi brave! ah! mon dieu!

FINALE.

Veille sur mon trésor
Car pour moi je suis mort.

On entend le canon.

LE GÉNÉRAL *sur le rempart.*

Voilà l'attaque qui commence,

ROUFFIN.

Je tremble de bon cœur.

LE GÉNÉRAL.

Amis! il faut de la prudence,
Contenez votre ardeur;

Les Epreuves du Républicain;

LE CHOEUR.
Comment contenir notre ardeur;
ROUFFIN.
Votre sûreté le commande.
LE CHOEUR.
Nous prends-tu donc pour des poltrons?
LE GÉNÉRAL.
La liberté vous le demande.
LE CHOEUR.
A sa voix nous obéirons.
FRANCOEUR, *à Rouffin.*
Chante pour nous distraire un air patriotique?
ROUFFIN.
Je ne suis pas, messieurs, amateur de musique.

On entend le canon.

Ce brutal instrument
Couvre ma voix timide;

FRANCOEUR *sur le rempart.*

C'est l'accompagnement
D'un guerrier intrépide.

Ecoute!

CHANT.

Ier. COUPLET.

Donnons le bal à ces messieurs,
Réservons-nous la chansonnette
Et pour qu'ils dansent encore mieux
Que notre musique s'apprête.

Les canonniers se disposent à leurs pièces.

II.

Que cet instrument,
Sur l'anglais ronflant,

ou l'Amour de la Patrie.

Le culbute en cadence ;
Le Français vaillant,
Sait toujours gaiment
Corriger l'insolence.

Pendant cette fin de couplet, les canonniers chargent leurs pièces en mesure, et font feu d'une seule au dernier vers.

LE CHOEUR.
Le Français vaillant, etc.

III.
FRANCOEUR.
Vous comptiez sur les trahisons,
Pour une conquête facile,
Vous danserez, nous chanterons
La carmagnole dans votre île :
 Que cet instrument, etc.

LE CHOEUR *répète.*
Le français vaillant, etc.

IV.
FRANCOEUR.
Toujours on voit un autrichien
Triste le jour d'une bataille ;
Mais un français, un citoyen,
Chante en frottant cette canaille ;
 Que cet instrument, etc.

LE CHOEUR *répète.*
Le français vaillant, etc.

A la fin de chacun des couplets, les canonniers font une décharge ; Roussin en est effrayé de telle manière, qu'il cherche à se cacher dans tous les coins : enfin il s'enferme dans le corps-de-garde.

V.
LE GÉNÉRAL.
Silence... suspendez votre feu ;

C

Les Epreuves du Républicain,

Rempli d'une vaine assurance,
Sans crainte, l'ennemi s'avance;
Il se croit maître de ce lieu.
Pour déjouer sa perfidie,
Du désordre poussez les cris;
Bientôt il recevra le prix
D'une trahison inouie.

Le Chœur.

Sa trahison aura pour prix
Tout l'élan de notre furie.

SCENE VI.

Les acteurs précédens, un corps d'Anglais et d'Autrichiens (assiégeans.)

Les assiégeans descendent de la montagne s'avancent en tapinois le long des remparts.

Marchons en assurance,
Vaincre ainsi sans péril,
C'est une bonne affaire,
Sans un coup de fusil,
Ah! puissions-nous faire la guerre.

AIR de la carmagnole.

Les Assiégeans.

Nos amis nous servent au mieux. (*bis*)

Francœur *qu'on apperçoit sur les remparts, par l'ouverture d'une embrâsure.*

Que ce triomphe est glorieux... (*bis*)

Les Assiégeans.

Sans danger nous entrons.

Francœur.

Venez, nous vous ferons

ou L'Amour de la Patrie.

Danser la carmagnole, }
Au bruit du son   } (bis)
Du canon.   }

LES ASSIÉGEANS.

Ayons l'honneur de l'escalade.

Ils apportent des échelles et se disposent à monter.

LE GÉNÉRAL, *donnant l'ordre.*

Patrie! vengeance!

Les soldats français se précipitent sur les remparts; ils font une décharge complette d'artillerie et de mousqueterie, les assiégeans sont renversés, ils tombent ou fuient en désordre, Rouffin veut fuir en criant sauve qui peut, des soldats français l'entendent; indignés, ils s'en saisissent et le précipitent du haut des remparts; la porte s'ouvre, les français font une sortie, ayant Francial à leur tête, revêtu de son écharpe.

Les citoyennes montent sur les remparts excitant les combattans par leurs gestes et par deux vers qu'elles chantent sur l'air du refrein de l'hymne des Marseillois.

Vengeance, citoyens, punissez leurs forfaits,
Frappez, frappez; exterminez ces perfides anglais.

Tous ces mouvemens sont accompagnés dudit air de l'hymne des marseillois.

Fin du second acte.

C 2

ACTE III.

Le théatre représente la même place publique qu'au premier acte.

Les effets du bombardement sont affreux ; la destruction est presque complette ; la ville ne présente qu'un amas de ruines.

SCÈNE PREMIERE.

FRANCIAL, JULIEN *et plusieurs patriotes soutenant Francial blessé.*

Les compagnons de Francial l'aident à se coucher sur quelques ruines placées à l'avant-scène.

JULIEN.

Nous n'avons que des ruines pour reposer notre ami.

FRANCIAL, *pressant les ruines sur lesquelles il est étendu.*

Elles sont encore à nous.

JULIEN.

Quel secours lui donner au milieu de ces décombres ?

FRANCIAL, *montrant les débris qui l'entourent.*

Tyrans voilà votre ouvrage !... peserez-vous encore long-temps sur la nature ?

JULIEN, *regardant Francial avec attendrissement.*

Chacun de nous déplore la perte de quelqu'objet cher à son cœur ; mais celle qui nous menace seroit la plus affreuse.

FRANCIAL.

Désespérerois-tu du sort de la liberté ?

JULIEN.

Elle reçoit une plaie profonde chaque fois que la patrie pleure un homme vertueux.

FRANCIAL.

Quand un citoyen fidèle perd la vie en défendant son pays, sa mort est glorieuse, elle sert la liberté, elle produit des héros qui brûlent d'imiter un bel exemple et de devenir ses vengeurs.

SCENE II.

FRANCIAL, DENISE, JULIEN, *plusieurs citoyens.*

DENISE, *accourant.*

Où est-il, où est-il, je veux le voir.

JULIEN.

Menagez sa foiblesse.

DENISE *se précipitant dans les bras de Francial.*

Ah! je puis encore embrasser mon époux.

FRANCIAL.

Je retrouve dans tes bras une nouvelle vie.

DENISE.

La mort même, ne peut nous séparer... il ne nous reste que notre amour..... tout est perdu, ta maison est en cendres.

FRANCIAL.

La patrie est-elle sauvée?

DENISE.

Les flammes ont dévoré ton fils.

FRANCIAL.

Ah! quel coup pour mon cœur! je sens que j'étois père.

DENISE.

Qui peut égaler la douleur de ton épouse!... elle n'est plus mère.

FRANCIAL, *après un moment de recueillement.*

Sort cruel! je te défie de m'arracher un vœu qui ne soit pour ma patrie!

DENISE.

Puisse son bonheur nous consoler de tant de malheurs à la fois.

JULIEN.

Voilà les vrais républicains, rien ne peut les distraire de l'intérêt sacré de la liberté.

FRANCIAL, *à Julien qui fait un mouvement pour se retirer.*

Julien! tu me quitte.

JULIEN.

Je vais chercher l'officier de santé qui a pensé ta blessure.

FRANCIAL.

Occupons-nous de la patrie.... nous songerons à moi, quand nous aurons écarté ses dangers.

JULIEN.

Chaque instant les voit accroître.

FRANCIAL.

Notre courage doit s'accroître avec eux... que s'est-il donc passé depuis que ma blessure me condamne à une inaction dont mon ame s'indigne?...

JULIEN.

Je crains de porter à ton cœur un coup trop sensible.

FRANCIAL.

Mon cœur est toujours le même, il peut supporter l'image d'un revers; il me reste toujours assez de force lorsque je puis tourner mes regards vers les fondateurs de la république.

Le lâche seul peut désespérer de la patrie, quand elle compte encore vingt-quatre millions de défenseurs.

JULIEN.

Tu sais que les despotes, sur l'assurance de quélques traîtres de l'intérieur, avoient envoyé leur armée prendre possession de la place; furieux de l'échec qu'ils ont essuyé, ces tigres altérés du sang des hommes libres, ont rallié tous leurs moyens.

FRANCIAL.

C'est leur dernier effort.

JULIEN.

Tu vois autour de nous les effets de leur rage. Les vrais François veulent s'ensevelir sous les ruines de la ville plutôt que de subir le joug de la tyrannie; mais des femmes se livrant sans pudeur à la plus honteuse foiblesse, font retentir l'air de leurs cris et de leurs plaintes séditieuses. Dufaux... le perfide Dufaux... est à leur tête.

FRANCIAL.

Le cruel! il veut ôter au peuple jusqu'à la consolation... que lui resteroit-il dans nos murs, s'il perdoit la liberté?

JULIEN.

Tout conspire pour livrer nos concitoyens au plus insigne traître.... Le brave Francœur s'est précipité au milieu des rangs ennemis... l'infâme Tresvil a émigré au moment même où il commandoit un poste essentiel....Une nuée de ci-devant nobles et de prêtres dont nous ignorions l'existence dans cette ville, a paru tout-à-coup: on chercheroit en vain un François au milieu de cet amas d'êtres déhontés, appellant à grands cris la servitude.

FRANCIAL.

Que sont devenus nos soldats?

JULIEN.

La garnison est épuisée, que ne peux-tu électriser ceux

qui nous restent, par la franche éloquence ; ils ne peuvent t'entendre... Dufaux les détourne de toi.

FRANCAL *se levant.*

Mes amis, je veux aller au milieu d'eux !

DENISE.

Citoyens ! voyez l'état ou il est !

FRANCIAL.

Qu'importe ma blessure, quand des perfides assassinent la liberté !

(*On entend des cris confus*)

Oui, oui, Dufaux a raison.

JULIEN.

(*à Francial*) (*aux citoyens en leur montrant Francial.*)

Entends-tu ces cris séditieux ?... Républicains veillez sur notre frère... je cours au milieu de ces femmes égarées... je démasquerai Dufaux ; & si la voix de la patrie est méconnue, si la révolte l'emporte sur l'amour du devoir, je rallierai autour de Francial les fidèles citoyens, et nous mourrons tous plutôt que de partager la honte des lâches.

(*il sort.*)

SCÈNE III.

Les acteurs précédens, excepté JULIEN.

MORCEAU *d'ensemble.*

DENISE.

Il est encore des cœurs dignes de toi,
Liberté ! soutiens ton ouvrage ;
Des vrais français, seconde le courage ;
Qu'ils soient heureux en vivant sous ta loi.

ou *l'Amour de la Patrie.*

RÉCITATIF.

FRANCIAL.

Mais quel morne silence
Succède à ce désordre affreux !
Mon cœur dans sa pénible impatience,
Redoute, en ce moment, un complot ténébreux :

DENISE.

Ecartes, cher époux, ce funeste présage :

FRANCIAL.

Tout vient, hélas ! le confirmer !
Vois, vois Julien, vers ces lieux s'avancer !
Le désespoir est peint sur son visage !

SCÈNE IV.

Les acteurs précédens, JULIEN.

JULIEN, *accourant avec tous les signes du désespoir.*

O ! crime ! ô ! trahison !
O ! forfait exécrable !
Ils l'ont dit ! ils l'ont dit ! ce mot abominable !
Capitulons !

LE CHŒUR, *du ton le plus morne.*
Capitulons !

FRANCIAL, *faisant un geste pour arracher l'appareil de ses blessures.*
A ta gloire, non, je ne puis survivre,
O ! mon pays !

DENISE *se précipitant sur Francial*
Arrête, Francial !
Quand notre malheur est égal,
Ensemble il faut cesser de vivre.

Le Choeur.

Nous nous unissons à ton sort....
  Plutôt que l'esclavage
Soit aujourd'hui notre partage,
Nous aussi nous voulons la mort !

FRANCIAL, *d'un air inspiré et rassemblant autour de lui ses compagnons.*

Pour qu'au peuple elle soit utile,
Pour qu'elle effraie les tyrans,
Brûlons les restes de la ville...
Qu'ils n'aient que ses débris fumans.

Le Choeur.

Brûlons les restes de la ville,
Qu'ils n'aient que ses débris fumans.

Francial.

Amis ! les mains des patriotes
Doivent purifier ces lieux ;
Qu'ils consument des mêmes feux,
Les esclaves et les despôtes

Le Choeur.

Oui ! oui ! les mains des patriotes
Sauront purifier ces lieux ;
En consumant des mêmes feux
Les esclaves et les despotes.

Ils partent pour exécuter le dessein de brûler les restes de la ville. Ils apperçoivent York et sa suite.

Julien.

Il n'est plus temps !

FRANCIAL, *retombant sur les ruines.*

O ! fureur ! l'étranger s'avance vers nous.

JULIEN *très-vivement.*

Je connois un souterrein qui peut me conduire hors de la ville... je vais tromper la surveillance de nos boureaux...

ou *l'Amour de la Patrie.*

à ma voix toute la France se lèvera pour venir nous délivrer de l'oppression.

(*il sort.*)

SCÈNE V.

FRANCIAL, DENISE, *plusieurs citoyens,* YORK, TRESVIL, *un des généraux Autrichiens; suite d'Autrichiens et d'Anglois.*

YORK *à Tresvil.*

Lequel d'entr'eux se nomme Francial ?

TRESVIL.

C'est celui qui est étendu sur ces pierres... il est grièvement blessé... (*montrant les patriotes qui entourent Francial*); Ordonnez, monseigneur, qu'on s'empare d'eux ; ce sont les plus intrépides patriotes de cette ville... il n'y aura de sûreté pour vous nulle part où se trouveront de tels hommes.

York fait un signe... ses satellites entraînent avec brutalité les compagnons de Francial.

YORK.

Qu'on les conduise au fort.

(*Les patriotes sortent en regardant York avec mépris.*)
Les satellites se disposent à entraîner Francial et Denise.

YORK.

Laissez Francial..... je veux lui parler.

SCÈNE VI.

YORK, FRANCIAL, DENISE, *un général Autrichien.*

YORK.

Francial ?

FRANCIAL.

Tu sais mon nom !

YORK *à part.*

Il est familier l'officier municipal.... dissimulons.... je veux régner. (*haut*) Ton nom retentit dans nos armées, & j'ai voulu te voir.

FRANCIAL.

Tu te sens donc le courage de soutenir l'aspect d'un homme libre.

YORK.

Téméraire ! (*à part*) contenons notre fureur... feignons de la générosité. (*haut*) je plains ton égarement & j'aime ta vertu...

FRANCIAL.

Tu oses prononcer le mot de vertu ; toi anglais & prince !

YORK, *à part.*

Oui je suis anglais, je le sens à ma haine. (*haut*) je veux par mes bienfaits...

FRANCIAL.

Les bienfaits d'un tyran ! qu'ai-je fait pour mériter cet outrage !

TRESVIL.

Votre Altesse est trop bonne d'écouter ce faquin, ce sont

là les douceurs de ces messieurs... ils m'en ont dit bien d'autres.
FRANCIAL.
Esclave !
TRESVIL.
Vous êtes un insolent... son Altesse ne souffrira pas qu'on traite ainsi un gentilhomme.
YORK à Tresvil.
Retirez-vous.

(*Tresvil sort en témoignant le dépit d'être si fort humilié.*)

SCÈNE VII.
Les Acteurs précédens, excepté Tresvil.

YORK à Francial.

Tu vois que je méprise aussi les étourdis..... je veux m'attacher tous les gens de cœur...... je ne viens point tyranniser les François...... je viens rétablir l'ordre & réparer vos malheurs.

FRANCIAL.

Il faut bien être pêtri d'un limon royal pour se jouer ainsi des malheureux humains... regarde autour de toi... & oses encore parler de générosité.

YORK.

(*à part.*)   (*haut.*)

Quel argument !... je sais que tu as tout perdu.

FRANCIAL.

Que m'importe mes pertes !

YORK.

Je veux te les faire oublier... je vous rendrai...

DENISE.

Me rendras-tu mon fils !

YORK.

Je vous servirai à tous de père... je veux moi-même veiller à la guérison de ton époux.

FRANCIAL.

La patrie peut consoler de tous les sacrifices ; mais un tyran flétrit tout ce qu'il touche....... laisse-moi ma blessure...... je la bénis ! elle va bientôt me soustraire à ta domination.

YORK.

Cet homme est intraitable ! soldats délivrez-moi de sa présence.

FRANCIAL *en sortant.*

Elle te fatigue, le remords commence ton châtiment.

Des soldats qui étoient au fond du théâtre avec Stanley, viennent entraîner Francial.... sa femme l'accompagne, la suite d'York sort, pendant ce temps.

YORK *dit.*

Il n'est pas de supplice qui puisse expier un tel excès d'audace ! vous paierez cher, odieux François, la contrainte que me commande la politique !

SCÈNE VIII.

YORK, STANLEY.

YORK, *à Stanley qui se dispose à se retirer.*

Stanley, approche ; as-tu exécuté mes ordres ?

STANLEY.

Votre Altesse connoît le zèle de son serviteur.

YORK.

Ce zèle, qui m'est utile te vaut la confiance des plus

ou l'Amour de la Patrie.

secrètes pensées de ton maître..... (*à part*) je saurai t'empêcher d'en abuser.

STANLEY.

Bonté vraiment royale !

YORK.

As-tu la liste des principaux patriotes.... des faiseurs de motions ?

STANLEY.

Oui, monseigneur.... j'ai déjà distribué les rôles au dedans & au dehors..... d'adroits affidés doivent se glisser parmi les sans-culottes, feindre la plus grande passion pour la démagogie, outrager la Convention nationale.

YORK.

Bon !... ne négligeons jamais ce moyen.... M. Pitt nous l'a singulièrement recommandé.

STANLEY.

Quand ils auront gagné leur confiance... ils feront un tableau affreux de l'anarchie, qu'ils auront eux-mêmes préparée... ils attaqueront sourdement le gouvernement, ils sèmeront des défiances sur les députés qui nous traversent sans cesse ; ils caresseront l'ambition de certains personnages, le mot de dictateur flattera leurs oreilles.

YORK.

Qu'un prince est heureux d'avoir un serviteur tel que toi ; tu connois bien ton monde.

STANLEY.

Je sais mon Cromwel par cœur.

YORK.

Alte-là, ceci ne fait pas mon compte.

STANLEY.

Reposez-vous sur moi, ils n'ont de Cromwel que la caricature ; ils seront trop heureux de jouer le second rôle & de se croire tout puissans sous un chef de la maison d'Angleterre.

YORK.

Et quel nom donnera-t-on à ce chef?

STANLEY.

Votre Altesse, ou plutôt, votre Majesté le devine.

YORK.

Tu seras mon premier ministre.

STANLEY, *avec un transport d'une joie ridicule.*

Premier ministre!...

DUO.

YORK.

Tu crois que le trône de France
Sera le prix de mes hauts faits?

STANLEY.

Je vous en donne l'assurance,
Vous regnerez sur les françois.

YORK.

D'une trop brillante espérance,
Ne flattes-tu pas mes souhaits?

STANLEY.

Mon adresse, votre vaillance,
Vous garantissent le succès.

YORK.

Ainsi donc le trône de France?

STANLEY.

Je vous en donne l'assurance:

YORK.

Sera le prix de mes hauts faits?

STANLEY.

Vous régnerez sur les françois.

YORK.

Pour une si noble entreprise,
Trompons l'émigré, le Germain;

STANLEY.

STANLEY.
Par eux, cette guerre entreprise,
Doit vous mettre le sceptre en main.
YORK.
Ainsi donc le trône de France.
STANLEY.
Je vous en donne l'assurance.
YORK.
Sera le prix de mes hauts faits.
STANLEY.
Vous régnerez sur les françois.
YORK.
Notre profonde politique
Arma tous ces princes divers,
Et c'est pour mieux tromper la ligue,
Que nous avons passé les mers.
ENSEMBLE.
Des dupes que fait l'Angleterre,
Applaudissons-nous en secret ;
Ce que par-tout l'homme révère,
Se tait devant son intérêt.

YORK.	STANLEY.
Ainsi donc le trône de France ?	Oui, oui le trône de France,
Sera le prix de mes hauts faits ?	Sera le prix de vos hauts faits ;
Et tu m'en donnes l'assurance ?	Je vous en donne l'assurance,
Je régnerai sur les François.	Vous régnerez sur les françois.

SCÈNE IX.

YORK, STANLEY, un GÉNÉRAL autrichien.

Le Général, autrichien à York.

Monseigneur, un habitant de cette ville qui prétend vous avoir rendu de grands services, demande à vous parler.

York.

Qu'il approche.

SCÈNE X.

YORK, STANLEY, le GÉNÉRAL autrichien, DUFAUX, suite d'Anglais et Autrichiens.

Dufaux après un grand nombre de salutations serviles.

Monsieur le chevalier de Tresvil aura sûrement parlé de moi, à votre Altesse royale? Je suis M. Dufaux de la Pécardière. Monseigneur sait sans doute tout ce que j'ai fait pour lui faciliter la conquête de cette ville.... je me suis exposé vingt fois aux ressentimens de la populace ; je mérite toute la protection de votre Altesse... j'ai employé tour à tour les allarmes, les promesses, la séduction... j'ai prodigué mon or, & le vôtre pour corrompre, pour diviser, pour faire périr les enragés démocrates.

York.

C'est fort bien, monsieur, c'est fort bien ; vous êtes digne de me servir.

DUFAUX.

Je devois espérer au moins que mes propriétés seroient respectées : eh bien ! monseigneur, des soldats de votre armée ont fouillé jusques dans les débris de ma maison... ils ont découvert la cachette qui renfermoit mes titres de noblesse.

STANLEY.

Quel perte !

DUFAUX

Il les ont enlevés avec tout ce que j'avois de plus précieux ; ils ont bu tout mon vin, & m'ont traité indignement en me réduisant à la plus affreuse misère.

YORK.

Je suis très-fâché de votre accident. (*à ceux qui l'entourent.*) Messieurs, j'avois ordonné qu'on traitât les gens comme il faut avec tous les égards dus à des personnes sur lesquelles je compte. Je suis très-mécontent.

STANLEY.

Les soldats anglais auroient obéi scrupuleusement aux ordres de votre Altesse royale, si les autrichiens ne leur avoient donné l'exemple du pillage.

YORK *au général autrichien.*

Entendez-vous, monsieur le général ?

LE GÉNÉRAL *autrichien.*

Si monsieur Stanley eût vu les choses de plus près, il sauroit que les anglais n'ont pas eu besoin d'être excités pour se porter à tous les excès ; d'ailleurs il eût été impossible de contenir la rage des soldats : il n'y avoit qu'un butin considérable qui pût leur faire oublier que le siège de cette place avoit coûté la vie à plus de vingt-trois mille de leurs camarades.

YORK.

Il en auroit coûté bien davantage, si nous n'avions été secondés par ces honnêtes-gens.

Les Epreuves du Républicain,
DUFAUX.

Sans doute.

YORK, au général autrichien.

J'entends qu'on m'obéisse; je veux qu'on exécute la capitulation.... j'ordonne qu'on restitue à cet homme ce qui lui a été pris... (*en se retirant*) si cela se peut, il sort avec Stanley et sa suite d'anglois.

Dufaux l'accompagne en faisant de nouvelles salutations, il se présente ensuite avec une certaine arrogance au général autrichien.

SCÈNE XI.

LE GÉNÉRAL autrichien, DUFAUX, suite de soldats autrichiens.

LE GÉNÉRAL autrichien.

J'ENTENDS......, je veux......, j'ordonne...... c'est vraiment dommage qu'il ne soit pas encore roi.... il en a déjà les augustes formules.

DUFAUX.

Vous l'avez entendu, vous devez me faire restituer...

LE GÉNÉRAL à ses soldats.

Débarrassez-moi de cet importun.

UN CAPORAL saisissant *Dufaux*.

Tu portes des plaintes contre nous... tu veux qu'on restitue... (*en lui donnant des coups de bâton*) tiens voilà un à-compte de la restitution, avec notre monnoie courante. (*ils sortent*)

DUFAUX.

Comment tu... holà! holà! au secours d'un malheureux gentilhomme volé, ruiné, battu!

SCÈNE XII.

LE GÉNÉRAL seul.

Que monsieur le duc d'York te récompense, c'est dans l'ordre : il croit que c'est pour lui seul que nous avons pris la place..... Il doit en effet de la reconnoissance à tous ces traîtres..... sans eux nous allions être forcés de lever le siége.... six heures plus tard la partie n'étoit pas tenable...... un renfort considérable venoit secourir la ville..... comment aurions-nous pu résister après les pertes que nous avions essuyées. Mais quel bruit?.... quels cris?... éloignons-nous.

SCÈNE XIII.

DENISE, *à la tête de plusieurs citoyens et citoyennes, formant chœur.*

DENISE.

Les tyrans, de nos maux,
Ont comblé la mesure ;
Leurs attentats nouveaux
Font frémir la nature.

LE CHOEUR, *répète.*
Les tyrans, de nos maux, etc.

DENISE.
Victime de leur barbarie,
Francial !

LE CHOEUR.
Ce mortel généreux !

Les Epreuves du Républicain

DENISE.

En butte à leur lâche furie,
Expire en un cachot affreux.

LES CITOYENNES.

Des fruits amers de l'esclavage
Nous ressentons toute l'horreur.

LES CITOYENS.

Bientôt le désespoir, la rage,
Vont terminer notre malheur.

TOUT LE CHOEUR.

Périssent les infâmes traitres !
Qui surent enchaîner nos mains.

DENISE, *rassemblant autour d'elle les citoyens, et cherchant à exciter toute leur indignation, toute leur rage.*

Qu'il est cruel d'avoir des maîtres,
Lorsque l'on fut républicains.

SCÈNE XIV.

Les acteurs précédens, YORK, *sa suite*, STANLEY, LE GÉNÉRAL *autrichien*

RÉCITATIF.

YORK.

Ciel ! quel trouble, quel indécence !
L'on se révolte dans ces lieux ;
Ainsi, d'un vainqueur généreux
L'on méconnoîtra la clémence !

Pendant ce récitatif les citoyens témoignent tour-à-tour l'étonnement, l'indignation, le désespoir.

ou *l'Amour de la Patrie.*

DENISE.
La trahison fit ta victoire,
Ta clémence nous fait horreur.

LE CHOEUR.
Ah ! de tes crimes la mémoire,
Seule est gravée en notre cœur.

YORK.
C'est trop souffrir leur insolence !
Soldats ! emparez-vous d'eux,

Les soldats se disposent à se saisir des citoyens et citoyennes. On entend un grand bruit, York fait signe à ses soldats de faire silence.

Il dit.

Un autre mouvement commence !

On entend le canon.

Du canon ! mais c'est sérieux.

SCÈNE XV.

Les acteurs précédens, TRESVIL, *les citoyens, des soldats autrichiens et anglois, accourant et se mêlant dans la plus grande confusion.*

TRESVIL, *à York.*

Fuyez, seigneur !.. fuyez bien vite !
Toute la France, en ce moment,
Sur nous fond et se précipite,
Rien ne résiste à ce torrent.

LE CHOEUR *des françois, se débattant avec les soldats qui les entourent.*

Vive, vive la république !

Les Épreuves du Républicain.

YORK, *dans un désordre extrême.*

Si ce n'étoit l'instant critique !

LE GÉNÉRAL autrichien.

Sa majesté se trouve mal...

YORK.

Stanley !

STANLEY, *courant, allant, venant.*

Monseigneur !

YORK.

Mon cheval.

STANLEY.

Il n'est plus qu'un coursier agile,
Qui vous offre de sûreté.

YORK.

Ils sont donc bien près de la ville ?

LE CHOEUR des citoyens.

Vive, vive la liberté !

York et sa suite fuient dans la plus grande confusion.... se mêlant, s'embrassant entr'eux ; dans le désordre qui en résulte, Tresvil heurte rudement un autrichien ; celui-ci furieux que sa fuite soit arrêtée, tire un coup de pistolet et le tue, en lui disant :

Emigre de ce monde, et va porter le trouble en enfer.

Les citoyens et sur-tout les citoyennes, après s'être débattu avec les ennemis, leurs arrachent leurs armes au moment où ils ne sont plus occupés qu'à éviter un danger pressant, par un prompte fuite ; les citoyens poursuivent les fuyards en répétant avec enthousiasme.

Vive, vive la liberté.

DENISE, *aux citoyennes.*

Mon époux est dans les fers.

ou l'Amour de la Patrie.

LES CITOYENNES.

Courons les briser, courons les briser.

SCÈNE XVI.

FRANCOEUR, JULIEN, *à la tête de l'armée françoise dont une partie se déploie sur la scène à mesure qu'elle arrive.*

FRANCOEUR.

Nous n'avons pu arriver assez-tôt, les lâches ont échappé à notre juste colère.

JULIEN.

C'est en vain que le françois semble avoir des ailes pour voler à la victoire, il ne peut atteindre un York, qui dans sa fuite déploye ses rares talens....

FRANCOEUR.

Pour la course. Si lui et ses satellites nous étoient tombés sous les mains, nous aurions répété, avec nos fidèles représentans : plus de prisonniers Anglois ! plus de prisonniers Anglois ! et la terre eût été purgée de ces monstres.

JULIEN.

Mais par quel bonheur t'ai-je trouvé à la tête de l'armée qui venoit à notre secours ?

FRANCOEUR.

La chose est toute simple... à la dernière sortie, m'étant acharné à poursuivre les anglois, je me trouvai entouré par cinq de ses esclaves qui me crièrent de me rendre. Pour toute réponse je brûlai la cervelle à l'un, j'enfonçai mon sabre dans le cœur de l'autre, je coupai la parole au troisième, et je cherche encore les deux autres... Mais courons vers Francial.

SCENE XVII.

FRANCOEUR, JULIEN, FRANCIAL, DENISE, *les citoyens patriotes, plusieurs soldats françois.*

LES CITOYENS, *dans le lointain.*

Le voici, le voici.

Francial arrive soutenu par ses amis et appuyé sur Denise.

FRANCOEUR.

Moment délicieux !

FRANCIAL, *embrassant Francoeur et Julien.*

Ma patrie est vengée par vous !.... Vous, mes amis, que je puis encore presser contre mon cœur !

DENISE.

Tous mes chagrins sont oubliés......... Généreux amis ; je vous dois mon époux ; votre amitié, votre vertu nous ont conservé la vie.

FRANCIAL.

Et ce qui seul vous la rend chère, la liberté !

JULIEN.

Qui plus que toi étoit digne d'en jouir ?

FRANCIAL.

Le Peuple, qui la défend depuis cinq ans, qui n'a d'idole que la liberté et de point de ralliement que la Convention nationale.

Au bonheur, en ouvrant notre ame,
A la patrie offrons nos vœux ;
Que sa voix toujours nous enflamme,
En dépit des vils factieux.

ou *l'Amour de la Patrie.*

LE CHOEUR, *répète.*
Au bonheur, en ouvrant notre âme, etc.

JULIEN.
Ta trahison fut inutile,
Affreux York, lâche assassin !

FRANCOEUR.
Jurons d'engloutir l'île
Qui vômit ce monstre inhumain !

LE CHOEUR.
Oui ! nous jurons d'engloutir l'île
Qui vômit ce monstre inhumain.

FRANCIAL.
Brigand, que le crime accompagne,
Fuis !.... Nous mettons, en ce séjour,
A l'exemple de la montagne,
Les vertus à l'ordre du jour.

LE CHOEUR, *répète.*
Brigand, que le crime, etc.

FIN.

www.ingramcontent.com/pod-product-compliance
Lightning Source LLC
LaVergne TN
LVHW022123080426
835511LV00007B/997